<u>Dédicace :</u>

A ma femme qui sait.

Pour Louisa qui saura.

Avant propos

Quelques précieux conseils pour tous ceux qui pensent que le mariage vaut la peine d'être vécu.

Le mariage est une cellule pour deux qui est simplement verrouillée de l'intérieur.

Bonne chance !

Chapitre 1 :

La rencontre

« Délicatement, tu visites ce pays inconnu.

D'abord, tu ne vois que ces longs cheveux noirs éclaboussant son front puis tu découvres une bouche finement ciselée ; écrin érotique de perles brillantes.

Elle ressemble à ces poupées anciennes : chiffon, porcelaine.
Attention, fragile !

Elle est plus que belle, plus que femme, plus que charme et tu veux lui dire plus que cela mais ces mots n'existent pas encore »

Coup de foudre, amitié amoureuse ou lent cheminement, la rencontre est un instant magique, irraisonné que tu reconnaîtras.

Conseils

Ne fais rien, écoute ton cœur et son corps.

Ensemble, jouez la petite musique à deux cœurs et votre amour va grandir.

Chapitre 2 :

Les belles années

« Prenez un couple de l'année, ajoutez une pincée d'insouciance. Une bonne livre d'amour devrait suffire à compléter la recette.
Recouvrez le tout et laissez à feu doux sans trop remuer. »

NB : n'oubliez pas d'introduire deux doigts de sexe.

Alchimie sulfureuse, amour raisonné ou bien erreur réparée et le jour du mariage est vite arrivé
On te pousse, on te pose et comme dans un rêve ; étranger à ton destin, tu regardes défiler la famille et les amis endimanchés.

Quel bonheur d'être entouré de ceux que l'on aime.

Les rires fusent, tu es embrassé, sollicité, léché et comme l'agneau du sacrifice, tu cries oui au prêtre.
(C'est curieux de constater que la personne qui vous unit est toujours célibataire, elle)

Ta maman pleure en silence son enfant dérobé, un ami sourit amusé, un autre semble inquiet, les jeunes enfants courent dans les travées sous l'œil agacé du curé pressé.

Tu crois apercevoir de la jalousie chez certains, cela te rassure.

Dans ta tête défile les souvenirs de ta jeune vie.

Ton enfance protégée, tes petits bobos vites apaisés par cette maman si douce au goût de miel.

Tu revois cette jeune fille, trois rangées de bureaux derrière toi à qui tu n'as jamais pu avouer ton amour éternel.
Tu entends encore son rire cruel quand tu devenais cramoisi et que tu bégayais lors de tes tentatives d'approche.

Tu te souviens avec émoi de toutes ces nuits agitées par son corps imaginé.

Dieu, comme les belles choses passent vite !

Le repas de noces glisse doucement entrecoupé de querelles avinées et de blagues salées.

Puis les voix se froissent, se lassent, la salle se vide ; alors tu sais que tu es un homme marié.

Ta nuit de noce est illuminée de sexe autorisé.

Au petit matin, tu es seul avec ton amour épousé ; la fête est finie ; la vie à deux peut commencer.

Conseils

Les factures, les regards, les retards, les écarts ;
jusqu'ici tout va bien car le plaisir inonde tes
nuits.

Quand la jeunesse et l'amour sont au rendez
vous, le malheur peut aller se rhabiller.

Cajole et affole sa blessure humide.

Jouis d'elle mais n'abuse pas car le désir est
soluble dans le temps.

Pendant cette période bénie, pas de recette magique : laissez mijoter.

Si un nuage cache ton ciel, sur l'oreiller tu retrouveras un ciel étoilé.

Profitez en, jeunes gens, les belles années passent vite.

Chapitre 3 :

Les enfants

« But d'une vie, envie de prolonger l'amour, rêve d'éternité ou simplement allocations calculées, ils sont ta seule réalité »

L'amour et le sexe ne seraient qu'un lointain souvenir s'il n'y avait cette preuve vivante, quelque fois envahissante mais toujours aimante.

Mes yeux brillent à penser aux jeunes années où j'étais leur héros invincible et protecteur.

Mon cœur se serre au souvenir de l'adolescence quand mon fils à du me tuer pour devenir un adulte à son tour.

Conseils

Ne pas oublier que c'est nous qui les avons
invités.
Ne pas leur demander de réaliser nos rêves
échoués.
Les respecter pour être aimé.
Leur donner la vie mais ne pas leur reprocher.
Être toujours leur confident, leur phare dans la
tempête mais jamais leur copain.

Ouvrir les yeux pour ne pas tomber des nues.

Grandir avec eux.

Tout donner et peu réclamer.

Etre toujours respectables pour être respectés.

Rêver avec eux.

Ne pas trop vite vieillir pour ne pas les inquiéter.
Ne jamais oublier qu'après l'adolescence révoltée, ils nous reviennent.

Pressentir qu'à l'automne de notre vie, ils deviendront des parents protecteurs.

Chapitre 4 :

Les amis

« Etrangers choisis pour devenir des proches ; l'amitié c'est de l'amour sans contraintes.

Ils sont près de nous, les jours de fêtes et les nuits de tristesse »

Conseils

Etre toujours fidèle en amitié.

Les accepter comme ils sont, même s'ils changent car nous évoluons aussi.

Trop d'amis nuit à l'amitié.

L'influence du meilleur ami est à tempérer.

Faux bons amis qui vous veulent du bien ; à délaisser.

En cas de séparation, ne pas prendre parti pour l'un ou l'autre.

Ne pas se laisser envahir.

Attention aux amis qui vous veulent du bien.

Ne pas oublier que les conseils gratuits se paient souvent très cher.
Malgré les déceptions de la vie, accorder toujours notre confiance.

Modérer ses confidences qui reviendront en pleine figure en cas de disputes.

L'évolution des amis en fonction de leurs finances est inévitable mais ne pas les juger.

Ne pas se forcer à les aimer quand l'amitié s'est faite la malle, il y a déjà la famille pour cet amour de convenances.

Chapitre 5 :

Belle famille

« À consommer avec modération »

« Si vous n'avez pas la chance d'épouser cosette alors vous allez rencontrer des êtres étranges venus d'ailleurs (la belle famille) »

Ils ressemblent à nos frères et sœurs mais n'ayant pas d'enfance commune, leur amour est trop récent, assurément trop fragile.

Ils ont des codes secrets

Ils vivent groupés en tribu.
Ils nous ressemblent, parlent notre langue mais on n'arrive pas à les comprendre.

Est-ce de la pudeur ou de l'indifférence, si nous sommes tristes, ils ne savent pas nous parler.

Mais moi-même, est ce que je fais l'effort de les entendre ?

<u>Ils pratiquent des rites étranges :</u>

Lors de longs repas, ils se lèvent, verre de vin à la main et émettent un « glou - glou » bruyant tout en avalant le précieux liquide.

<u>Leur vie est modelée suivant la règle mystérieuse des quatre B :</u>

    - Boules.

    -Bière.

    -Brochettes.

    -Ballon

Conseils

Parler à tous et à personne.

Installer son habitat très éloigné.

Ne rien attendre mais donner quand même.

Essayer toujours de trouver du beau chez l'un ou l'autre.

Demander le droit à la différence non à l'indifférence.

Accepter de ne jamais être accepté.

Ne pas oublier qu'ils sont du même sang que ton amour.

Sois plus tolérant.

Apprends la patience.

Et puis surtout ne jamais oublier que pour eux c'est nous qui sommes étranges et avons des codes secrets.

Chapitre 6 :

Ennui et lassitude

« Reprenez ce couple du début, ajoutez le temps, les enfants, les impôts, les travaux, la télé et un sentiment de fatigue s'installe.

Comme dans un jour sans fin, la vie devient un feuilleton monotone »

Conseils

Ne pas lui en faire le reproche.

Éteins cette putain de télé !
Laisse ta maison en l'état.
Prend ta femme, fermes ta maison et sors.

Redeviens un enfant.
Aime la vie, ta vie, les autres.
Émerveille-toi de tous ces petits riens.

Chapitre 7 :

La solitude à deux

« Tu passeras par des moments de solitude auprès de ta femme.

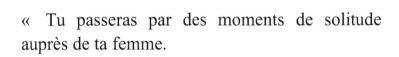

Elle n'y est pour rien, toi non plus mais la vie est dure avec les amants.

Malgré ses mots, sa présence, tu seras seul »

Conseils

Continue de lui parler, de l'entendre.
Dis lui ta vérité, ta tristesse irraisonnée.

Appelle-la à l'aide.

Laisse ton machisme de coté.
Si elle t'aime encore, son jugement sera plein de
tendresse pour toi.

Et surtout, n'oublie pas qu'après la pluie viens
toujours le beau temps.

Chapitre 8 :

Apres l'amour

« Prenez un grand amour, ajoutez des habitudes, secouez pendant des années et vous aurez la tendresse.

Si votre amour est toujours vivant, il va évoluer avec le temps.

Ce n'est pas un échec mais une belle preuve de longévité que d'accéder à cette phase du couple »

Conseils

Trouver dans cet état des plaisirs partages.
Savoir que si l'on change de conjoint, on arrivera
encore au même résultat.

Ne pas se taire, ne rien cacher de cette évolution
mais surtout la valoriser en   appuyant sur la
sérénité gagnée.
Se rappeler encore et toujours de son corps
généreux.
Aimer avec moins de sexe, c'est encore aimer.

Ne jamais oublier que partager sa vie, c'est aussi
lui donner la moitié de
La tendresse, c'est de l'amour qui sommeille ;
réveille toi ! Réveille-la !

Chapitre 9 :

La jalousie

« Virus se propageant chez les couples mêmes vaccinés ; très douloureux peut parfois tuer.

Frappe à tout age les amants à l'amour affaibli.

La jalousie, c'est de l'amour en perte de confiance.

La jalousie c'est du désir en mal de performances »

Le temps passe, les corps se lassent.

Les soirées télé succèdent aux nuits épicées.
Le travail, les enfants font leurs effets.

Le moindre retard ou le moindre regard et la jalousie s'installe.

Tu dis qu'elle a changé, n'oublie pas de te regarder !

Tu penses qu'elle en désire un autre alors que toi-même pour mieux rêver l'étrangère depuis peu tu éteins la lumière.

Souviens-toi de ces journées plage ou caché par tes lunettes fumées, tu envisageais toutes ces femmes dénudées sans remarquer la beauté que tu avais près de toi.

Au lieu de rêver à des prouesses étrangères, redécouvre sa passion encore intacte dissimulée sous le voile du temps.

Conseils

Lève toi, rase toi, bouscule toi.
Séduis là, surprends là, affole là

Emporte la, parle lui d'elle comme à une étrangère.

Désire la comme une inconnue, aime la sans retenue, prends la comme au début.

Rassure-la et dans ses yeux, tu seras rassuré.
Découvres et pilles ses trésors humides.

Votre amour n'est pas loin ; seulement assoupi ;
réveille-le vite tant qu'il est temps.
Ne doutes pas de son amour, ranime ton désir et ravive le sien.
Dis lui comme elle est belle

Chapitre 10 :

Le désir

« Regardes la toujours comme une étrangère qui ne t'appartiens pas et longtemps tu la désireras »

Conseils

Perds tes bouées d'amour qui ne seront plus que
du gras les soirs de disputes.

Si tu veux qu'elle soit une amante, demande lui
et assumes tes désirs.
Devines les siens et oses.

Abats tes masques, pressens les siens.
Invite des fantômes à vos ébats.

Invente des jeux.
Ne crains ni les mots crus ni les jouets que la
morale réprouve mais que l'amour autorise.

N'oublie pas qu'avant d'être une mère, elle était femme.

Aimes la comme une sainte ou une pute mais aimes la.
Vois comme elle est désirable.
Jouez tous deux la petite musique de l'amour.
Ne crains pas de la réveiller par surprise quand le désir est là.

Use et abuse de son corps.
Caresse et bouscule sa douce blessure.

Chapitre 11 :

Les amours virtuels

« Juliette, lasse d'attendre son amoureux transi, a sauté de son balcon et tchate sur Internet.

Roméo, poète désabusé, erre sur la toile à la recherche de son âme sœur »

Voici venu le temps des amours virtuels.

Que de mieux qu'un écran de PC pour s'encanailler, se faire peur avec pour seul risque un prélèvement bancaire exorbitant.

Aventure illusoire de l'homme moderne, incolore, inodore et sans saveur.

Histoires d'amour bien stérilisées pour une génération de Roméo craintifs et pressés.

Sentiments virtuels où ta puissance s'exacerbe du fait que d'un simple clic, tu fais disparaître ta souris.

Conseils

Lève-toi, habille toi et marche.

Sors, aime et touche les autres.

Sens, ressens et approche les femmes.

Aime le bruit, la vie, la vraie vie.

Chapitre 12 :

Le temps de la réflexion

« Seul dans ta chambre d'hôtel ou bien entouré dans cette boite de nuit désenfumée (tant pis pour le cliché), tu inspectes ta vie passée »

Conseils

Si tu dois t'enfuir pour mieux réfléchir, ne pars pas trop loin car les histoires d'amour ne voyagent pas.

Chapitre 13 :

L'adulte- erre

« Changer de lit, changer de corps, tout est affaire de décor à quoi bon puisque   c'est encore, moi qui moi-même me trahit, moi qui me traîne et m'éparpille dans les bras semblables des filles ou j'ai cru trouver un pays »

Obsession de l'homme au midi de sa vie, l'adultère se justifie par la peur de l'oubli.

Tu as peur de ne plus plaire, de ne plus exister et dans les yeux d'une autre, tu vois des éclats de ta jeunesse.

Tu sais que c'est ton chant du cygne alors tu veux chanter même faux.

Conseils

Surtout ne pas le faire mais si cela arrive, alors…

Malgré tes promesses : ne pas lui avouer car la blessure ne cicatrise pas.
Acheter parfum identique femme et amante.

Tu auras des moments difficiles : ton anniversaire, leurs anniversaires, les congés d'été ainsi que les fêtes de fin d'année.

Essaie d'être juste sans trop faire de mal ; même si tu fais de sales choses, fais-les proprement.

Donne-leur des petits surnoms identiques : puce, bébé…..

Ne prends pas de douche si tu rentres tard.

Mange peu car souvent doubles repas tu feras.

Pour sortir te faire envoyer sms professionnels ou bien mails alors que tu es déjà en pyjama et surtout pense à bien râler.

Ne pas lui offrir des fleurs après un écart ; la ficelle est bien trop grosse.

Lui faire toujours l'amour en rentrant.

Attention aux tickets de métro, cinéma, pochettes allumettes et notes restaurants (payer tout en espèces)

Tu vas très vite fatiguer, alors que faire ?

Chapitre 14 :

Le divorce

Et si malgré tout çà……

Votre bulle d'amour s'est déchirée et se vide lentement.

Trop longtemps vous avez essayé de la rapiécer mais votre avenir est déjà en retard.
Ces dernières nuits, une inconnue s'est glissée au sein de vos draps froissés.
Ce vampire buveur d'amour guettant la moindre défaillance, c'est l'indifférence.
Vous ramassez les restes de votre amour en vous répétant que vous deux c'est pour toujours.

Usant de phrases habituelles, vous comprenez que plaie d'amour est mortelle.

Conseils

Désolé, je ne peux vous conseiller car je n'ai pas vécu cette réalité.

Table des matières

Du même auteur

L'amour des mots -   Editions scriba

Le caresseur public-   Editions des écrivains

Et si le temps m'était conté - Editions comédia

L'amour dans tous ses états - Editions solaedit

L'enfant qui rêvait de voyage - Mondial livre

Dédicace :

Printed in Great Britain
by Amazon

33428389R00038